So verliebt wie am ersten Tag

Der Beziehungsratgeber für Paare

Wie Sie die Ursachen Ihrer Beziehungsprobleme aufdecken, zusammen beseitigen und Ihrer Beziehung so mehr Liebe und größeres Vertrauen einhauchen

Maria Loesing

INHALT

Das erwartet Sie in diesem Buch

Hand aufs Herz: Wie oft haben Sie schon darüber nachgedacht, wo es in Ihrer Partnerschaft „hakt"?

Warum nichts mehr so ist wie am Anfang, als Sie völlig fasziniert von Ihrem Partner, Ihrer Partnerin und alle Aspekte Ihrer Beziehung neu, spannend und berauschend waren? Ich rate mal und liege dabei wahrscheinlich nicht ganz falsch, wenn ich davon ausgehe – der Grund dafür, dass Sie diesen Ratgeber ausgesucht haben, ist der Wunsch, etwas zu verändern. Sind Ihnen Begriffe wie Langeweile,

Desinteresse, Frustration, Einsamkeit und Routine in Bezug auf Ihre Partnerschaft nicht fremd, dann seien Sie gewiss: Damit sind Sie nicht allein.

Was wünschen wir uns in unserer Partnerschaft? Welche Erwartungen bringen wir mit, was macht uns glücklich oder unglücklich? Warum ist es oft so schwierig, die Wünsche und Bedürfnisse mit dem Tatsächlichen in Einklang zu bringen? Auf diese Fragen und noch mehr wird dieser Ratgeber versuchen, Ihnen Antworten zu geben. Wenn Sie sich und Ihren Partner in den einzelnen Kapiteln wiederfinden – gut! Möglicherweise spricht Sie das eine Thema mehr, das andere weniger an, das liegt in der Natur der Sache. Aber vielleicht ist auch das eine oder andere Aha-Erlebnis dabei, das Ihnen zeigt, wie normal Ihre Gefühle eigentlich sind.

Dieser Ratgeber erhebt keinen Anspruch auf Vollständigkeit, er ist, was er ist: ein Rat-Geber. Sie werden zu den einzelnen Kapiteln kleine Übungseinheiten finden, die Sie für sich allein, aber auch mit Ihrem Partner durchführen können – lassen Sie sich neugierig darauf ein! Auch und gerade, wenn sich manches für Sie vielleicht noch ungewohnt, merkwürdig oder auch unbequem anfühlt!

Entscheiden Sie selbst, ob Sie die einzelnen Kapitel erst für sich selbst ergründen wollen, gemeinsam oder unabhängig voneinander mit Ihrem Partner. Ich verspreche Ihnen nicht, dass Sie bei minutiöser Befolgung der Ratschläge in kürzester Zeit taumelnd vor Glück durch die Welt wandern, jeder Ihnen Ihr Glück neidet und Sie mit Ihrem Partner die absolute Erfüllung aller Wünsche erreichen. Aber: Das, was Ihnen jetzt vielleicht noch grau und öde erscheint, wird ganz sicher farbiger werden, spannender und stärker. Ich wünsche Ihnen viel Freude beim Lesen der Kapitel und beglückwünsche Sie schon jetzt dazu, dass Sie den ersten Schritt getan haben – zu mehr Vertrauen, Liebe und Geborgenheit in Ihrer Beziehung!

Liebe und Vertrauen – Wie geht das?

ERFAHRUNG VON VERTRAUEN UND LIEBE

Wie so oft, wenn man in seinem Erwachsenenleben an bestimmte tief sitzende Gefühle gerät, darf man davon ausgehen, dass die Anlage dazu sehr viel früher gelegt wurde.

Wir werden geboren mit einer Fähigkeit, bedingungslos zu vertrauen, in einem Maß, das im ganzen weiteren Leben nie mehr in dieser Vollständigkeit erreicht werden kann. Dennoch suchen wir lebenslang danach, einem Menschen so bedingungslos vertrauen zu können, wie es ein neugeborener Mensch seiner Umwelt gegenüber tut. Gerade geboren, vertraut der Mensch seiner Umwelt grundsätzlich; er vertraut darauf, dass alle seine Bedürfnisse nach Nähe, Wärme, Nahrung und emotionaler Beziehung erfüllt werden.

Erfährt der Mensch in seinem sogenannten „Lebensfrühling", also der allerersten Lebenszeit in der Außenwelt, grundsätzlich, dass seinen Bedürfnissen entsprochen wird, so baut er seiner Umwelt gegenüber das sogenannte Urvertrauen auf. Er lernt aufgrund stabiler, beständiger und liebevoller Zuwendung, meist durch die Eltern, dass er es wert ist, geliebt zu werden.

Daraus entsteht die Fähigkeit zu lieben und das so wichtige Selbstwertgefühl. Er lernt, in andere zu vertrauen, fühlt sich verstanden und angenommen. Auch die Umwelt wird als vertrauenswürdig wahrgenommen, das Leben an sich als lebenswert. Die emotionale Bindung an andere Personen (Eltern oder Pflegepersonen) baut das Gerüst, auch später mit anderen Menschen emotionale Bindungen eingehen zu können.

VERTRAUENSVERLUST UND DEFIZIT

Das Fehlen der oben beschriebenen idealen Umstände kann dazu führen, dass die kindliche Entwicklung empfindlich gestört wird in Bezug auf Vertrauen und Liebesfähigkeit. Vernachlässigung, Entzug von Liebe und Zuneigung, der Wegfall von vertrauten Bezugspersonen durch Trennung oder andere Umstände stört das empfindliche Gerüst des kindlichen Vertrauens, führt zu Argwohn, Misstrauen, Angstzuständen oder Depression bis hin zu aggressiven Verhaltensmustern.

Durch beständige, wenn auch weniger intensive Zuwendung durch andere Personen wie Geschwister, Verwandte oder Pflegepersonen kann dem Verlust von Vertrauen entgegengewirkt werden, es ist also nicht unausweichlich, als Erwachsener unüberwindliche Hindernisse bei Aufbau von vertrauensvollen Beziehungen zu haben.

SELBSTVERTRAUEN – AUF SICH SELBST VERTRAUEN?

Aus den Erfahrungen, die man als junger Mensch gemacht hat, resultiert also auch unsere Fähigkeit, sich selbst und anderen zu vertrauen. Vertrauen in die mich umgebenden Personen, das nicht enttäuscht wird, macht mich emotional sicher, stärkt mein Selbstgefühl und gibt mir das Gefühl, auch mir selbst vertrauen zu können.

Selbstvertrauen ist ein Gefühl der inneren Sicherheit, die Gewissheit, dass ich Situationen des Lebens allein meistern kann. Mit genügend Selbstvertrauen wage ich, Unbekanntes anzugehen. Mir selbst zu vertrauen, dass ich auch Schwierigkeiten bewältigen kann, macht mich unabhängig – also auch ein Stück weit frei. Ich bin nicht abhängig von der Hilfe anderer, kann selbst entscheiden, wie weit ich gehen möchte oder kann.

Ein gutes Beispiel ist eine Radtour in unbekanntes, schwieriges Terrain: Voraussetzung dafür, dass mir ein solches Unterfangen gelingen kann, ist zunächst meine eigene Kraft und Ausdauer. Außerdem benötige ich gute Kenntnis der Fähigkeiten, die man braucht, um steile, gefährliche Wege zu bewältigen. Auch das von mir benutzte Material muss den Anforderungen gerecht werden – ich werde sicher nicht mit einem ausgedienten Jugendfahrrad die steilsten Berge befahren können. Ich muss mir der Gefahren bewusst sein, um umsichtig und mit gebührender Vorsicht zu handeln.

Nicht zuletzt brauche ich aber vor allem das Vertrauen in mich und meine Fähigkeiten, denn der Zweifel an mir selbst wäre eine beständige Schwächung, die zum Scheitern des Unternehmens beitragen könnte.

Sehen Sie hier schon die Parallele zu dem Thema Selbstvertrauen in einer Partnerschaft? Dieses Thema werden Sie noch in weiteren Kapiteln wiederfinden. Vielleicht können Sie diesen Satz jedoch schon mitnehmen in Ihre weiteren Gedanken: Ein auf sich selbst vertrauender Partner gibt auch mir mehr Sicherheit!

Nehmen Sie das Beispiel der Radtour: Wenn ich weiß, dass mein Partner eine solche Tour vorhat, wird es mich ungemein beruhigen zu wissen, dass er stark genug und gut vorbereitet ist – und dass er sich selbst dieses Abenteuer völlig zutraut, ohne Selbstüberschätzung. Ich werde ihm vertrauen können, unbeschadet diese gefährliche Tour zu überstehen. Und im Gegenzug werde auch ich ihm durch mein Vertrauen in seine Fähigkeiten die Sicherheit geben, es zu schaffen.

KANN ICH DIR TRAUEN?

Wie bereits beschrieben, stammt unsere Fähigkeit zu vertrauen – oder eben auch genau das nicht zu können – aus den Erfahrungen in unserer Kindheit. In einer

Partnerschaft werden diese Fähigkeiten zu dem Grundpfeiler einer funktionierenden Beziehung: Kann ich dir trauen? Darf ich mich ganz auf dich einlassen? Wie oft haben Sie sich tatsächlich schon gefragt, ob Sie Ihrem Partner, Ihrer Partnerin blind und uneingeschränkt vertrauen können?

Wir sprechen davon, dass Sie Ihrem Wunschpartner am Anfang Ihrer Beziehung ein gewisses Maß an Vertrauensvorschuss gewähren. Das ist eine Grundvoraussetzung – ohne diesen Vertrauensvorschuss würden wir es vermutlich nicht schaffen, uns mit einem uns noch völlig fremden Menschen einzulassen. In der Partnersuche werden als häufigste Auswahlkriterien für den potenziellen Wunschpartner Eigenschaften genannt wie Ehrlichkeit, Zuverlässigkeit, Treue, gefolgt von Natürlichkeit, Humor und Spontaneität. Offensichtlich suchen eben die meisten Menschen nicht ständig das Spannende, Unbekannte, die Wolke 7 – sondern einen verlässlichen, stabilen Partner für die Dinge des gemeinsamen Lebens.

Treffe ich mich nun mit einer völlig fremden Person, kenne ich weder ihre Herkunfts- noch Lebensgeschichte. Sollte es „funken" zwischen beiden, lässt man den anderen schrittweise immer näher an sich heran. Dieses Näherkommen kann körperlich schon sehr schnell gehen bei gegenseitiger sexueller Anziehung – was aber nicht heißen muss, dass man sich innerlich schon wirklich nah ist. Es ist doch bemerkenswert, wie schnell man bereit ist, seine intimsten Stellen dem anderen Menschen zu präsentieren – und wie lange es oft braucht, bis man in der Lage ist, den anderen auch innerlich sehr nahe an sich heranzulassen.

In der Entwicklungsgeschichte von uns Menschen war das gegenseitige Vertrauen in der Urzeit noch geprägt von der Fähigkeit, sich gegenseitig zu schützen vor Gefahren, von der Wahrscheinlichkeit, gesunde Nachkommen großzuziehen, und vom Vertrauen in die Fähigkeit, Nahrung zu beschaffen.

Ich sehe Sie innerlich schmunzeln, wenn Sie sich gerade selbst beim Einkauf im Supermarkt sehen oder Ihren Mann, wie er Sie vor der Monster-mäßigen Spinne im Schlafzimmer beschützt! Was ich damit sagen will ist: Grundlegende Mechanismen greifen heute genauso wie früher.

Ein Partner wirkt dann als vertrauenswürdig, wenn wir ihm zutrauen, unsere ureigenen Bedürfnisse zu sehen und zu befriedigen. Was aber, wenn das mit dem Vertrauen nicht funktioniert? Wenn statt bedingungslosem Vertrauen das Misstrauen Einzug hält und unsere Liebe vergiftet? Lassen Sie uns in den nächsten

Kapiteln schauen, wie wir damit umgehen können. Doch zunächst, wie versprochen, eine kleine erste Übungsaufgabe für Sie persönlich:

Übung 1

• Schaffen Sie eine ruhige, ungestörte Umgebung – für mindestens eine halbe Stunde!

• Legen Sie sich ein Notizbuch und einen Stift bereit.

• Gehen Sie in Ihrer Erinnerung zurück in Ihre Kindheit. Benennen Sie die Personen, die Sie als Vertrauenspersonen kennengelernt haben.

• Wie war Ihre Beziehung zu ihnen? (Verwandte, Freunde, andere Bezugspersonen)

• War das Vertrauen in diese Personen bedingungslos oder wurde es getrübt, erschüttert, und wenn ja: Durch welche Vorkommnisse?

Seien Sie offen mit Ihren Gefühlen. Möglicherweise holen diese kleinen Übungen auch Unangenehmes aus den Schubladen Ihrer Erinnerung – aber glauben Sie mir: Das ist nicht schädlich. Die Bereitschaft, sich mit sich selbst auseinanderzusetzen, sich selbst zu betrachten, hilft, viele Aspekte Ihrer Beziehung in einem anderen Licht zu sehen.

Vertrauen Sie sich.

Mehr Liebe bitte!

VERLIEBTSEIN UND LIEBEN

Laut einer britischen Studie, an der über 3000 Abonnenten verschiedener Dating-Portale befragt wurden, sind ca. 2 Drittel aller Paare unzufrieden mit ihrer Partnerschaft. Genannte Gründe dafür sind Langeweile, weniger Sex, Routine, mangelnde Spontaneität, fehlende Romantik, zu wenig Zeit für Gemeinsamkeit und mangelndes Vertrauen.

Wie war das doch gleich noch mal – am Anfang Ihrer Beziehung? Langeweile? Zu wenig Sex? Überraschungen Fehlanzeige? Und diese gemeinsamen Abende, mit Kerzen und am See und die kleinen Botschaften, die man nach einer gemeinsam verbrachten Nacht in der Jackentasche oder am Spiegel fand?

Verlieben funktioniert – so die eher unromantische Wissenschaft – durch das Zusammenspiel bestimmter Reize mit Hormonausschüttungen. Meist ist der optische Reiz das Erste – unsere Augen signalisieren uns, ob ein Gegenüber für uns attraktiv ist. Selbstverständlich würden wir jederzeit betonen, dass uns bei der Auswahl eines Partners die „inneren Werte" viel wichtiger sind als das Äußere, dennoch bestimmt die Optik das erste Interesse – nicht vergessen, darauf kommen wir später noch zurück.

Beruht das Interesse auf Gegenseitigkeit, kommt man sich näher, entweder durch Gespräche oder auch räumlich. Die Anziehung funktioniert, man fühlt sich „hingezogen" zu jemandem. Beide prüfen das Gegenüber auf die Attribute für eine potenzielle Partnerschaft. Dabei wählen wir je nach unserem Bedürfnisstand nach unterschiedlichen Kriterien aus. Was suche ich, was sucht das Gegenüber? Stimmen die beiden Wünsche überein? Sie kennen den Begriff „die Chemie muss stimmen" – und genauso ist es. Die Chemie, das sind Hormone, gesteuert von chemischen Botenstoffen und Sinneseindrücken wie Sehen, Riechen, Hören, Tasten – alles sozusagen urzeitliche Erbstücke, die uns signalisieren, ob das Gegenüber ein potenziell attraktiver und starker Partner sein könnte. Natürlich wählen wir heute unsere Partner nicht mehr primär danach aus, ob der Mann ein potenter, starke Gene vererbender künftiger Nachkommen-Erzeuger sein wird – oder die Frau eine kräftige, leicht gebärende künftige Mutter.

Unsere Vorlieben und inneren Bilder dessen, was am besten zu uns passt, sind durch vielfältige Eindrücke geprägt. Und natürlich müssen wir unseren künftigen Partner irgendwie optisch ansprechend finden, ihn gut riechen können, ihm gern zuhören und ihn auch gern anfassen. Die ursprünglichen Reize helfen uns also, eine Person attraktiv zu finden. Aber diese ersten Reize – sind die schon der Grund für diese Gefühle, die wir mit Verliebtsein assoziieren?

Ich kann mehrere Personen attraktiv finden, ihren Geruch mögen, ihnen gern zuhören – und bin dennoch nicht verliebt in sie. Was also lässt uns bei genau dieser einen Person in einen Zustand verfallen, der von den meisten als rauschhaft und höchst erregend beschrieben wird?

Die meisten Menschen beschreiben den Moment, in dem sie sich verliebt haben, mit Begriffen wie „dann hat es Klick gemacht ...", „plötzlich war da dieses Gefühl ...", „ich hatte keine Wahl mehr ..." Es wird uns also in einem Moment klar, dass wir genau diesen und keinen anderen Menschen nicht nur in der näheren Auswahl lassen, sondern uns ihm noch mehr nähern wolle, ihn oder sie noch näher an uns heranlassen möchten.

Der Begriff von der „Liebe auf den ersten Blick" ist Ihnen geläufig? Oder kennen Sie das eher, dass eine Verliebtheit über längere Zeit entstand, vielleicht sogar aus einer bereits bestehenden Freundschaft? Beides ist möglich – sich zu verlieben, ist an keine Zeitabläufe gebunden. Sie kann einen treffen wie ein Blitz oder sich langsam aufbauen und dann unerwartet plötzlich da sein.

Wie auch immer wir erleben, uns zu verlieben – es bleibt ein Gefühl von Hochspannung, Gefühlsüberschwang, Erregung, das uns oft auch zutiefst verwirren kann. Sie kennen das vielleicht noch: Dieses Gefühl, dann man ständig unter Strom steht, Herzklopfen beim Gedanken an den anderen, Kribbeln und konstante Aufregung – also sehr körperliche Symptome. Dieses hohe Gefühlslevel oder auch -chaos erzeugt eine Menge Stresshormone in uns, die wiederum auch mit zu dem rauschhaften Gefühl beitragen. Man spürt eine sehr starke Zuneigung zum anderen, möchte möglichst dauernd in seiner Nähe sein und fährt gefühlsmäßig öfter Achterbahn, als einem lieb ist.

Gerade, wenn die Verliebtheit noch auf unsicheren Füßen steht, man sich also nicht sicher sein kann, ob der Partner genauso empfindet, fällt man gefühlsmäßig von einem Extrem ins andere – der Ausdruck „himmelhoch jauchzend und zu Tode betrübt" beschreibt nicht von ungefähr diesen Zustand der Verwirrung. Dichter in allen Epochen haben immer wieder diesen Zustand beschrieben – weil er so unglaublich intensiv ist, so bemerkenswert, so außergewöhnlich.

Welche Verrücktheiten verliebte Menschen anstellen können, würde ein ganz anderes Buch füllen. Kennen Sie das Gefühl, wenn man meint, der ganzen Welt mitteilen zu müssen, wie man sich fühlt? Am offenen Fenster zu stehen und sein Glück in die Stadt hinauszuschreien? Die Angebetete mitten in der Fußgängerzone in eine Einfahrt zu ziehen und sie heftig küssen zu müssen? Dann sind Sie glücklich zu nennen! Denn wer diesen rauschhaften Zustand bereits erlebt hat, hat einen guten Maßstab dafür, zu welchen Gefühlen er oder sie überhaupt fähig ist!

Übung 2

• Überlegen Sie, was das Verrückteste war, das Sie bisher getan haben, in Bezug auf einen Partner/Partnerin, dabei muss das nicht der jetzige Partner sein.

• Wie haben Sie sich dabei gefühlt?

• Was hat ein Partner/Partnerin für Sie als Verrücktestes bisher getan?

• Wie haben Sie sich dabei gefühlt?

• Wie würden Sie sich heute fühlen, wenn Sie Ihrem Partner/Partnerin genau jetzt ein ziemlich verrücktes Angebot machen würden? Und was wäre das?

Mit dieser Übung möchte ich Sie anregen, darüber nachzudenken, wie wir im Lauf der Zeit dieses Gefühl von Verliebtheit vielleicht verloren haben – und warum. Der Weg zu Veränderungen führt immer über das offene Betrachten des Ist-Zustands, ohne Beschönigungen und Selbsttäuschungen. Sie sind auf dem richtigen Weg!

LIEBE – UND WAS MAN SO DARUNTER VERSTEHT

Dieser Ratgeber hat Sie auf die Fährte gebracht, sich etwas mehr zu wünschen – oder hat Sie auf Ihrem Weg bereits erwartet, wie auch immer Sie das sehen möchten. Sich selbst einzugestehen, dass einem etwas fehlt, dass man sich mehr wünscht – das zeigt, dass Sie sich selbst nicht egal sind. Sie haben das Gefühl, es könne da draußen noch mehr geben, was Sie insgesamt glücklicher machen könnte.

Da Sie selbst den Wunsch danach in sich tragen, in Ihrer Partnerschaft mehr Liebe und mehr Vertrauen zu erleben, gehen Sie davon aus, dass genau diese beiden Eckpfeiler für das Glück in Ihrer Partnerschaft essenziell wichtig sind.

Und ja – Sie haben recht! Geht Liebe ohne Vertrauen? Vertraue ich jemandem, weil ich ihn/sie liebe – oder liebe ich ihn/sie, weil ich ihm/ihr vertraue? **Die Definition von Liebe ist so vielfältig, dass es vielleicht einer kleinen Begriffsklärung bedarf.**

Allgemein wird das Wort Liebe als eine Bezeichnung für die höchste und stärkste Zuneigung und Wertschätzung gesehen. In engerem Verständnis ist die

> Liebe ein starkes Gefühl inniger Verbundenheit, das weit darüber hinausgeht, einfach nur zwischenmenschliche Beziehungen aufzubauen.

Auch wenn man überwiegend von der Liebe zwischen zwei Menschen in einer Partnerschaft spricht und das der Haupthintergrund dieses Ratgebers sein soll – Liebe existiert natürlich auch in anderen **Formen**.

Sie kennen den Begriff der **Eltern- oder Geschwisterliebe, der Liebe zwischen Freunden, der Liebe zu sich selbst, der Umwelt gegenüber, der Nächstenliebe ... Allen Formen der Liebe gemeinsam ist laut Definition ein starkes Hingezogen-Sein, eine tiefe Zuneigung zu dem „Objekt" der Liebe.** Gestatten Sie mir, im weiteren Verlauf lediglich die Aspekte der partnerschaftlichen Liebe weiter zu behandeln, auch wenn es immer wieder Berührungspunkte geben wird, die mit anderen Formen der Liebe verbunden sind.

Die ideale Liebe wird bezeichnet als eine auf freiem Willen gegründete Beziehung zwischen zwei Menschen. Sie hat nicht das Ziel, den anderen zu besitzen, zu vereinnahmen, sondern lässt jedem der Liebenden den Raum, sich selbst zu entwickeln. Jeder der Liebenden erkennt den anderen in seiner Besonderheit, in seinen Bedürfnissen an und strebt danach, den Partner zu fördern und zu unterstützen.

Liebe wird von dem Gefühl der Verliebtheit klar unterschieden: Dem Dauerstress der Hormone, dem man bei der Verliebtheit ausgesetzt ist, der einen ständig unter Strom stehen lässt und der sowohl körperlich als auch emotional Höchstleistungen von uns fordert – dem würde man auf Dauer nicht standhalten. Dieser Zustand wäre für den Körper über längere Zeit viel zu anstrengend – Sie erinnern sich vielleicht noch an die Zustände der Erschöpfung nach besonders intensiven Gefühlsachterbahnen?

Liebe ist der Zustand, der nach dieser Anfangsphase entstehen kann, wenn das Paar aus der Verliebtheitsphase ein tiefes Gefühl der Zusammengehörigkeit entwickeln kann. Klar ist, dass Symptome wie das berühmte Herzklopfen, das Kribbeln, die Flugzeuge im Bauch, bei länger währenden Beziehungen weniger intensiv auftreten – dafür entwickelt sich in mehreren Schritten die längerfristige Bindung mit Gefühlen von tiefer Verbundenheit und Nähe.

WIE AM ERSTEN TAG ...

Die berühmte Aussage: „Wir lieben uns noch wie am ersten Tag" – ist das überhaupt möglich? Der erste Tag einer Beziehung ist wahrscheinlich eher geprägt von dem Zustand der Verliebtheit, und wenn wir nach den Definitionen gehen, entsteht die Liebe, wächst, wird mehr – oder eben auch nicht.

Was sagt dieser Satz denn aus, dieses „wie am ersten Tag"? Wird hier die Intensität der ersten Gefühle beschrieben – oder das jetzige Gefühl der tiefen Verbundenheit?

Nach langen Jahren einer geglückten Partnerschaft hat man viel gemeinsam erlebt, hat den Partner in den unterschiedlichsten Situationen wahrgenommen, hat sich selbst entwickelt und verändert. Kein Mensch ist der geblieben, der er am ersten Tag des Verliebtseins war. Wenn wir uns darüber bewusst sind, können wir auch die Veränderung der Gefühle annehmen. Und glauben Sie mir: Es ist nicht das Kriterium, die Qualität einer Beziehung zu beschreiben, wenn Sie sagen können, Sie lieben Ihren Partner noch wie am ersten Tag!

VERÄNDERUNGEN DER GEFÜHLE

Von dem ersten, rauschhaften Zustande der Verliebtheit geht eine Beziehung langsam, aber sicher in die nächste Phase über. Wenn Paare davon sprechen, dass der „erste Lack ab sei", meinen sie damit meist, dass der Partner nicht mehr so strahlend und unfehlbar erscheint wie am Anfang der Liebesbeziehung. Oft drückt dieser Begriff ein Bedauern darüber aus, eine Sehnsucht nach den Gefühlen der ersten gemeinsamen Zeit. Natürlich wünscht man sich in der Routine des gemeinsamen Lebens, dass man wieder so euphorisch und lebendig Liebe erlebt, wie das nur frisch Verliebte können. Was bedeutet denn dieses „der Lack ist ab"?

In der ersten Phase der Verliebtheit sehen wir unseren Partner durch die rosarote Brille. Über eventuelle Fehler schauen wir großzügig hinweg oder erkennen sie erst gar nicht. Die Hormonausschüttung lässt uns Eigenschaften und Merkmale in einem freundlichen Licht erstrahlen; im Vordergrund steht die gegenseitige Anziehung.

Das Neue, Unbekannte fasziniert uns, die Neugier danach, den anderen zu ergründen, bringt uns dazu, den Partner mit hohem Interesse zu beobachten, jeden Aspekt seines Wesens sehen zu wollen. Der Wunsch nach inniger Zusammengehörigkeit, nach der Verschmelzung mit diesem Menschen, lässt uns ständig seine Nähe suchen, und wir sind äußerst großzügig darin, über manches hinwegzusehen. Kleine Macken werden im Licht der Verliebtheit unbedeutend.

Denken Sie einmal daran, wie zum Beispiel eine der ersten Verabredungen zum Essen mit Ihrem Partner aussah: Hat Sie da sein geräuschvolles Kauen schon so gestört wie heute, wenn Sie ihm beim Essen seines Frühstücksbrotes zuschauen? Haben Sie es überhaupt bemerkt? Oder wie war das, wenn Sie nach einer gemeinsam verbrachten Nacht ins Bad kamen, nachdem sie schon gegangen war, und dort Ihre Zahnpastatube neben ihrer Zahnbürste lag, mit offenem Deckel, und Sie womöglich noch Flecken der Zahncreme in Ihrem Waschbecken fanden? Irgendwie war das doch süß am Anfang – da war noch etwas, das Sie an sie oder an die vergangene Nacht erinnerte. Sie wären vermutlich nicht auf die Idee gekommen, diesen Partner oder die Partnerin sofort aus dem Pool der potenziell möglichen Langzeitpartner auszusondern mit dem Gedanken, dass diese Macken Ihnen in späteren Zeiten den letzten Nerv rauben könnten.

Und genau diese Fähigkeit ist es, sich überhaupt erst auf einen uns völlig fremden Menschen einzulassen. Wir gehen, je nach vorherigen Erfahrungen, zunächst recht bedingungslos an dieses Unterfangen heran, einen Menschen in unser Leben zu lassen.

Der „Lack" des Neuen und Unbekannten glänzt und funkelt, ist so gut wie perfekt – wie bei einem nagelneuen Fahrzeug. Glatt und wunderschön, strahlend, unversehrt. In diesem Glanz können wir uns auch selbst spiegeln – wie sehen wir selbst in diesem Spiegel aus? Der neue Partner gibt uns das Gefühl, ebenfalls wunderschön, begehrenswert zu sein. Zwei Menschen zeigen sich in diesem Zustand eigentlich das Schönste aneinander – oder das, was sie dafür halten.

Übung 3

• Bitte erinnern Sie sich einmal daran, was Sie an Ihrem Partner als Erstes äußerst attraktiv gefunden haben.

• Was mochten Sie am meisten an ihm/ihr?

• Gehen Sie heute einmal auf Ihren Partner zu und sagen ihm/ihr einfach genau das. Ohne Wertung, einfach nur: Du warst für mich so attraktiv, weil ..., wenn sich daraus ein Gespräch ergibt – gut. Wenn es ein misstrauisches Nachfragen gibt à la „Warum sagst du das?" gehen Sie nicht darauf ein – sagen Sie einfach, dass es

Ihnen gerade durch den Kopf ging und Sie ihm/ihr das wieder einmal sagen wollten.

WER BIN ICH – WER BIST DU – WER SIND WIR?

Wie wir uns weiter in dieser Beziehung entwickeln und verändern, hängt zum großen Teil von bereits gemachten Erfahrungen und den Umständen ab, wie sich die Beziehung im Weiteren darstellt. Was kommt also zum Vorschein, wenn der „Lack" ab ist, wenn die ersten Kratzer den Untergrund sichtbar machen? Bleiben wir einen Moment in diesem Bild. Das wunderschöne neue Fahrzeug hat bereits einige Fahrten hinter sich, es läuft und bringt einen zu gemeinsamen Zielen. Es bleibt nicht aus, dass der Gebrauch des Fahrzeugs Spuren hinterlässt, auch äußere Umstände wie Hagelschauer oder unfreundliche Zeitgenossen können Schaden zufügen. Selbst, wenn wir nur „ganz normal" mit dem Fahrzeug umgehen, kommt hier ein Kratzer, dort eine Schramme hinzu, die den Glanz ein wenig verblassen lässt.

Meist schaut man über die ersten kleinen Gebrauchsspuren hinweg, da sie die Funktion in keiner Weise beeinträchtigen. Da wir als Paar so beschäftigt sind damit, den Weg voranzugehen, interessieren uns diese kleinen Schrammen vielleicht auch gar nicht. Wichtig ist uns das Ziel – das, wo wir beide hin wollen.

Wenn wir es bereits geschafft haben, das Ziel gemeinsam festzulegen, sind wir in der nächsten Stufe der Beziehung angelangt. Die beiden Individuen, die sich durch hormonelle und andere Reize als zusammen passend empfunden haben, gehen davon aus, gemeinsam Ziele zu erreichen. Sie sehen einen gemeinsamen Weg vor sich und vertrauen dabei auf den Partner, der passende Weggefährte zu sein. Im Spiegel des glänzenden Lacks scheint auch alles möglich, nichts zu groß oder zu weit weg. Die Euphorie der Glücksgefühle trägt uns auch in die Zukunft – wir wagen es, über den jetzigen Ist-Zustand hinaus Pläne zu machen.

Wenn wir in dem Bild des Fahrzeugs bleiben, schauen Sie sich einmal die beiden Insassen an. Jeder der beiden hat vielleicht bereits gelernt, zu fahren – der eine besser, der andere schlechter. Aber ihr bisheriges Fahrverhalten hat sie immerhin bis hierher gebracht, wo sie nun sind – und wo sie einander kennengelernt haben. Beide gehen nun davon aus, dass dieser Mitfahrer, dieses Fahrzeug und diese Straße sie an ein gewünschtes Ziel bringt. Und hier kommen wir zu dem, was jeder mitbringt.

Wissen Sie – oder wussten Sie, bevor Sie die Beziehung mit Ihrem Partner eingingen – welche Erfahrungen bei ihm/ihr bereits vorhanden waren? Wie tiefgehend diese Erfahrungen waren? Welche Schrammen und Kratzer hat dieser Mensch aus seiner Vergangenheit mitgebracht, die vielleicht nicht mehr so einfach weg zu polieren sind? Wie ist oder war das bei Ihnen selbst? Welche Erfahrungen haben Sie selbst mit Beziehungen gemacht – und was ist davon an Verletzungen, Defiziten und Kränkungen übrig geblieben?

Wir möchten zwar gern davon ausgehen, dass wir selbst die einzig wichtige und entscheidende Beziehung für den anderen sind – und das dürfen wir auch. Denn auch, wenn man bereits schlechte oder kränkende Erfahrungen gemacht hat, wird niemals alles genau gleich ablaufen. Es sei denn, wir selbst entwickeln uns nicht wirklich weiter und fallen immer wieder in alte und schon vorher nicht funktionierende Verhaltensmuster zurück. Wir dürfen davon ausgehen, dass der Beginn einer neuen Beziehung auch tatsächlich eine Veränderung bewirkt, für uns und unser gesamtes Leben.

Aus dem „Ich" und „Du" wird in einer funktionierenden Beziehung ein „Wir" werden, im Idealfall ein starkes Team, eine sichere Fahrgemeinschaft mit der

Fähigkeit, auch unterwegs auftretenden Schwierigkeiten zu begegnen – gemeinsam.

Länger in einer Partnerschaft lebende Paare sprechen in Gegenwart anderer Menschen oft mit den Begriffen „wir, unser ...". Sie sprechen für den Partner mit, weil sie davon ausgehen können, dass der Partner genauso denkt oder dasselbe sagen würde. Von außen gesehen wirken solche Paare meist harmonisch; die Umwelt nimmt sie als zusammengehörig wahr, der Einzelne wird eher als Teil eines Paares und weniger als eigenständige Person gesehen.

Dabei kommt es darauf an, wie diese Übereinstimmung nach außen gezeigt wird: Spricht immer nur einer und der andere nickt still und zustimmend, entsteht schnell der Eindruck, dieser Partner „habe nichts zu sagen". Zeigen sich die beiden Partner jedoch durch gegenseitiges Zuhören und durch Mimik, Gestik und Körperhaltung, dass sie einverstanden sind mit dem, was ihr Partner gerade sagt, wird dies als harmonisch und passend empfunden.

Doch Vorsicht: Es ist nicht gesagt, dass diese Paare, die so harmonisch zueinanderzupassen scheinen, auch die glücklichen Paare sind! Auch in der Auseinandersetzung mit unterschiedlichen Standpunkten kann ein Paar stark und gut zusammenpassend wirken, genauso wie ein Paar, das immer nur als harmonische Einheit empfunden wird, innerlich bereits völlig erstarrt sein kann. Auf dieses Thema komme ich später noch zurück – lassen Sie uns nun noch einmal auf das „Ich" und „Du" schauen.

Ich

Wer „Ich" bin, also der Blick auf mein eigenes Selbstbild, hat sich über mein gesamtes bisheriges Leben entwickelt. Geprägt von den Reaktionen der Umwelt auf mich und mein Verhalten, von der Beschäftigung mit meinen Gedanken, meinen Gefühlen, meiner Erlebenswelt. Ich habe durch vielfältige Situationen und Erlebnisse ein Bild davon bekommen, wie ich als Person wahrgenommen werde.

Bin ich als Kind von den Eltern sehr geliebt worden und konnte dieses sichere, beständige Gefühl der Zuneigung als Grundlage für meine Entwicklung nutzen, so konnte sich bei mir ein anderes Selbstbild entwickeln als bei jemandem, der in unsicheren, gefährdenden Umständen aufwuchs.

Wenn ein Mensch beständig versichert bekam, er sei es wert, geliebt zu werden, so wird er ein Selbstwertgefühl als Fundament in sich tragen, das sich grundlegend von dem unterscheidet, das ein vernachlässigtes, sozial und emotional unterversorgtes Kind mitbringt. Wir kennen sie alle – diese Menschen, denen scheinbar alles gelingt, die überaus beliebt sind, die offenbar von innen heraus strahlen. Die Literatur hatte schon immer Beispiele für solche Menschen: Glückskinder, Sonntagskinder, Everybody's Darling ...

Was wir nach außen ausstrahlen, ist immer der Spiegel dessen, was sich in uns abspielt. Im positiven Sinn strahlen wir so Selbstvertrauen, Glück, Sicherheit und Verlässlichkeit aus, also Attribute, die einem Gegenüber angenehm sind, die Vertrauen in uns und unsere Fähigkeiten wecken.

Spielen wir aber mit diesen Attributen scheinbare Sicherheit vor, erzeugen wir also ein Bild von etwas, das in uns selbst nicht in dem Maß tatsächlich vorhanden ist, so wird dieses Überspielen beim Gegenüber Unsicherheiten und Unstimmigkeiten hervorrufen. Denken Sie noch einmal an das Fahrzeug: Der neue Lack kann durchaus auch tiefer sitzende Mängel überdecken! Möglicherweise schimmert dieser Untergrund an manchen Stellen durch, trotz der sorgfältigen Lackierung.

Möglicherweise signalisiere ich trotz meines sorgfältig gepflegten Images, meines nach außen strahlenden Auftritts dennoch Unstimmigkeit zwischen Innen und Außen. Was also macht mich selbst aus? Welche

Eigenschaften schätze ich an mir, und welche kann ich nicht gut annehmen? Wie wirke ich nach außen – und wie sieht es innen in mir aus?

Verzeihen Sie mir, wenn Sie diese Fragen und den nächsten Abschnitt vielleicht als unpassend empfinden. Besonders der Hauptteil der männlichen Bevölkerung reagiert auf solche inneren Nabelschauen oft eher genervt, sieht sie als unnötig an oder verweigert sich diesen ganz. Es wäre schön, wenn Sie sich dennoch, falls Sie ein männlicher Leser sind, auf die nächsten Abschnitte einlassen könnten. Ich möchte Sie in keiner Weise diskriminieren oder angreifen, im Gegenteil. Veränderung ist manchmal unangenehm, wenn man seine Komfortzone verlassen muss, um echte Weiterentwicklung möglich zu machen. Und selbstverständlich gelten alle die folgenden Dinge auch für weibliche Leser!

Ich gehe stark davon aus, dass Sie in irgendeinem Bereich Ihres Lebens schon einmal gezwungen waren, sich mit Ihren inneren Befindlichkeiten auseinanderzusetzen. Also Gefühle zu benennen, Schwierigkeiten mit bestimmten Dingen zuzugeben oder Fehler einzugestehen. Wie gingen oder gehen Sie an solche Situationen heran? Sind Sie eher der Typ „An mir kann es nicht liegen, ich habe alles richtig gemacht" – oder der

„Ich wusste es, es konnte nur schiefgehen, ich bin es einfach nicht wert"-Typ? Gehen Sie der Situation eher aus dem Weg, um nicht unangenehme Bekanntschaft mit sich selbst zu machen? Sind Sie schnell genervt, wenn Sie auf vermeintliche Fehler angesprochen werden? Wiegeln Sie schnell ab, wenn ein Gespräch zu unangenehmen Wahrheiten führen könnte?

Ich kann Sie beruhigen – das ist völlig normal und sehr verbreitet. Wer spricht schon gern darüber, dass er zum Teil tiefgehende Fehler besitzt? Oder wer mag es ausgesprochen gern, sich mit seinen negativen Gefühlen zu beschäftigen?

Wir Menschen neigen in der Mehrheit dazu, eher die positiven als die negativen Erinnerungen zu bewahren. Das ist gesund und fördert unsere Fähigkeit, zu vergeben oder auch zu vergessen. Wer immerzu in seiner belasteten Vergangenheit gefangen bleibt, hat die Kraft verloren, sich auf neue Wege zu begeben und die Zukunft besser zu gestalten.

Insofern ist es oft sogar hilfreich, sich nicht allzu sehr mit belastenden Gefühlen zu beschäftigen. Über eines sind sich jedoch die meisten Paartherapeuten einig: Ohne eine gesunde und umfangreiche Selbstreflexion kann eine Beziehungsverbesserung nicht gelingen. Nie ist es nur ein Part, der sich verändern muss oder der „schuld" ist, wenn eine Partnerschaft strauchelt.

„Jeder kehre vor seiner eigenen Tür" ist eine alte Lebensweisheit, die nichts anderes besagt, als dass man, bevor man auf die Fehler der anderen schaut, zunächst einmal kritisch und unvoreingenommen auf sich selbst sehen sollte.

Übung 4

Bitte notieren Sie sich in ruhiger Atmosphäre die ehrlichen Antworten auf folgende Fragen:

• Bin ich ein ehrlicher Mensch?

• Stehe ich zu dem, was ich sage?

• Sind kleine oder größere Lügen für mich je nach Anlass akzeptabel?

• Wie würde mein bester Freund/die beste Freundin mich mit einem Satz beschreiben?

• Habe ich Frieden geschlossen mit meiner Vergangenheit? Oder gibt es noch offene Baustellen?

Die Antworten auf diese Fragen sind einfach kleine Wegmarkierungen für Sie. Bedrängen Sie sich nicht, wenn Sie diese jetzt vielleicht noch nicht beantworten möchten oder können. Wenn Sie jedoch bereit sind, sich diese Antworten selbst zu geben, dann sind Sie wieder einen Schritt weiter auf dem Weg, den Sie eingeschlagen haben.

Du

Wenn man einen Menschen völlig neu kennenlernt, ist das Interesse hoch – man möchte diesen Menschen ergründen, verstehen, begreifen. Die Neugier, was diesen Menschen ausmacht, bringt uns dazu, immerzu nach ihm Ausschau zu halten und möglichst viele Aspekte von ihm wahrzunehmen.

Typisch ist der Zustand, dass man sich am Anfang einer Beziehung stundenlang sieht und, kaum voneinander getrennt, bereits wieder den Kontakt sucht per Telefon, WhatsApp oder E-Mail.

Das Bedürfnis und die Tendenz von frisch verliebten Paaren, so viel Zeit wie möglich mit diesem anderen Menschen zu verbringen, hat manchmal den Anschein, als könnte man etwas verpassen, wenn man eben nicht 24 Stunden am Tag miteinander teilt. Das „Du" ist so interessant und anziehend, dass wir oft eigene Bedürfnisse vergessen oder kaum spüren – oder kennen Sie das Gefühl etwa nicht, dass man nicht hungrig ist, nicht wirklich müde? Oder wie sehr man ältere Bekanntschaften und Freunde in der Anfangsphase der Beziehung vernachlässigt – einfach, weil man die Priorität überwiegend auf die neue Partnerschaft setzt?

Der neue, interessante Partner wirkt bestimmend auf unseren Tagesablauf, auf andere Beziehungen, ohne dass dieser das tatsächlich einfordern muss. Wir sind bereit, diesem „Du" einen umfangreichen Platz in unserem Leben einzuräumen.

In vielerlei Hinsicht vertrauen wir diesem Menschen, dass er uns und unserem Leben keinen Schaden zufügen wird; unabhängig davon, was er oder sie bereits mitbringt an Erfahrung in diese Beziehung, vertrauen wir darauf, dass aus dem verliebten Zustand eine echte dauerhafte Liebesbeziehung werden kann.

Dieses Grundvertrauen macht es erst möglich, eine Beziehung einzugehen. Spricht man von einer Beziehungsunfähigkeit, so bedeutet das, dass ein Mensch aufgrund gemachter Erfahrungen nicht in der Lage ist, sich auf eine echte Beziehung einzulassen. Der Hauptgrund dafür ist, neben bereits erlebten Partnerschaften, eine möglicherweise aus der Kindheit und Jugend verankerte Bindungsangst. Erfahrungen von Trennung können ein tiefes Misstrauen in persönliche Bindungen begründen.

Die Angst, verletzt zu werden, hindert viele Menschen daran, sich wirklich vertrauensvoll auf andere

Menschen einzulassen. Erkennt man solche Verhaltensmuster bereits beim Kennenlernen, so liegt der Verdacht nahe, dass es der andere vielleicht schwer hat, sich auf einen selbst einzulassen. Auch, wenn wir grundlegend vielleicht bereit sind, großzügig mit dem Vertrauen in eine neue Partnerschaft umzugehen – nicht jeder Mensch kann das gleich gut.

Sie sehen: In dem Betrachten des „Ich" und „Du" gibt es unglaublich viel zu entdecken und zu verstehen. Sich selbst und den anderen zu sehen, wirklich anzunehmen und zu verstehen – das mag die Grundsubstanz einer funktionierenden Partnerschaft sein. Bevor aus dem „Ich" und „Du" ein „Wir" wird, lernen beide Partner einer Beziehung, aufeinander zu schauen, zu hören, sich einzufühlen und langsam heranzutasten an dieses Gefühl: Wir sind ein starkes Paar.

Womit wir wieder bei den Sinnen wären, die uns zeigen, ob ein Partner zu uns passt – Sie schenken Ihrem Partner zwar Ihr Herz, Ihren Körper, geben sich hin – aber vergessen Sie nicht das genaue Hin-Schauen, das Hin-Hören, das Ein-Fühlen.

Wir

Über die allererste, rauschhafte Verliebtheitsphase hinaus hat ein Paar erkannt, dass es sich eine gemeinsame Zukunft vorstellen kann. Bis zu dieser

Erkenntnis ist schon viel passiert: Vielleicht ist an manchen Stellen der Lack ein bisschen abgeblättert und man durfte einen Blick auf die darunter liegende Grundierung werfen. Nach wie vor sieht der Partner aber immer noch gut aus, ist liebenswert, löst gute Gefühle in uns aus.

In der Paarfindungsphase erkennt man umfassendere Eigenschaften am Partner als die, ob er uns sexuell glücklich macht oder uns humorvoll unterhält. Sicher ist der eine oder andere Streit bereits durchgestanden, unterschiedliche Sichtweisen sind zutage getreten und wurden diskutiert. Die Qualität einer Beziehung lässt sich auch daran messen, wie beide Partner mit Konflikten und/oder verschiedenen Ansichtsweisen umgehen können. Beschließt ein Paar, eine Beziehung nicht nach kurzer Zeit zu beenden, können beide davon ausgehen, dass der jeweils andere dasselbe Interesse daran hat, längerfristig und in die Zukunft orientiert gemeinsam zu leben.

Wie diese Gemeinsamkeiten aussehen – das ist so unterschiedlich, wie es Menschen gibt. In unserem Kulturkreis hat sich die Zweierbeziehung etabliert, jedenfalls zum größten Teil. Ob Ehe, Lebenspartnerschaft, Beziehung ohne rechtliche Bescheinigungen, offene Beziehungen und Fernbeziehungen – all diese

Formen sind, im Gegensatz zu anderen Kulturen, primär als Zweierbeziehung angelegt.

Dies entspricht offenbar dem Wunsch der meisten Menschen – sich mit einem geliebten Partner zusammenzutun und die Zukunft zu gestalten. Das Zusammensein wird geprägt von der gegenseitigen Fürsorglichkeit, von gemeinsamen Zukunftsplänen und dem Aufbau verschiedener Beziehungsstrukturen als Paar. Hierzu gehört auch, sich zum Beispiel als Paar dem vorherigen Freundeskreis oder der Familie zu präsentieren. In der Öffentlichkeit zeigt das Paar seine Zusammengehörigkeit durch verschiedene Zeichen und Rituale, macht darauf aufmerksam, dass man nicht mehr allein durchs Leben geht. Sie erinnern sich? Das erste Vorstellen der Freundin zu Hause? Das erste Mal bei einer Party den Freund mitbringen? Hier wird schon getestet, wie gut der Partner in die eigene Lebenswelt passt, ob das „Wir" Bestand haben kann.

In früheren Zeiten musste das Paar erst den Segen von beispielsweise den Eltern bekommen, sich weiterhin treffen zu dürfen – heute übernehmen diese Funktion vielleicht die Freunde oder Freundinnen.

Ich + Du = Wir als Paar
Das gemeinsame Leben als Paar wird meist zunächst geprägt davon, dass man entweder einen

gemeinsamen Wohnort festlegt, zusammen zieht oder zumindest regelmäßig Zeit miteinander verbringt. Es geht in dieser Phase darum, das gemeinsame Umfeld zu erstellen.

Auch bei Fernbeziehungen zum Beispiel stellt sich eine gewisse Regelmäßigkeit ein, wann und wo man Wochenenden oder andere Zeit miteinander verbringt, wer in dieser Zeit ebenfalls in diesen Kreis eintreten darf, welche Unternehmungen man plant usw.

Man kann sagen, dass die Liebesbeziehung sich mittels alltäglicher Anforderungen stabilisiert. Es stellen sich gewisse Routinen ein, man wird „erprobter" als Paar und festigt das Empfinden des Zusammengehörens. Wenn Sie sich zurückerinnern, denken Sie vielleicht noch gern an die Zeit, als man morgens aufwachte, das Gesicht des Partners neben einem, und einem plötzlich bewusst wurde: Das bleibt jetzt so. Dieses Gefühl des Ankommens, der Sicherheit im Gegensatz zu der angespannten Unsicherheit in der Verliebtheitsphase, ob das nun etwas von Dauer sei ... die meisten Paare streben nach einiger Zeit die Verbindung auch der äußeren Lebensumstände an.

Vielen in einer Fernbeziehung lebenden Paaren scheint dieses ewige Hin- und Herreisen zu anstrengend, nimmt zu viel Zeit weg, die man lieber gemeinsam verbringen würde. Das Zusammen-Leben mit allen Aspekten ist für die meisten Paare, die eine dauerhafte Beziehung anstreben, das Ziel. Die kleinen und großen Dinge des Alltags gemeinsam zu erledigen, hat am Anfang einen besonderen Reiz – denken Sie einmal daran, wie es war, als Sie das erste Mal gemeinsam einkaufen gingen. Oder welches Gefühl Sie hatten, als Ihre Partnerin Ihnen das erste Mal eine Lunchbox für die Arbeit vorbereitete.

Im gemeinsamen Leben werden die überschwänglichen Liebesbezeugungen der ersten Zeit nach und nach ersetzt durch eher fürsorgliches Verhalten. Bei gegenseitig vorliegendem Interesse aneinander wird jeder Partner versuchen, möglichst viele Aspekte des Partners in diesem „normalen" Leben zu erkennen. Welche Lieblingsspeisen hat er/sie, welches Ordnungsprinzip, welche Vorlieben in Bezug auf Kleidung – es gibt tausend Dinge zu erfahren, die man auch nur im Zusammenleben erfahren kann.

Ein wichtiger Aspekt des Zusammenlebens ist es, dass man sich ein wenig mehr „fallen lassen" kann. Man geht wahrscheinlich entspannter miteinander um, da die Zeit, die man miteinander verbringt, nicht von vornherein begrenzt ist. Man wirkt selbst entspannter, muss dem anderen nicht so sehr ein schönes

Bild von sich selbst zeigen, sondern darf auch mal die ungeschminkte, Homewear-tragende und Online-spiele-spielende Variante von sich preisgeben. In dieser Paarphase entwickelt sich ein grundlegenderes Vertrauen ineinander. Durch das geteilte Leben entstehen Gemeinsamkeiten, die einem Sicherheit geben. Sie können sicher noch Situationen abrufen, wo Sie sich ganz sicher waren, Sie und Ihren Partner könnte nichts erschüttern. Die Sicherheit des gemeinsam Sorgens – füreinander und auch für das gemeinsame Leben – stärkt sowohl die einzelne Person als auch das Paar an sich.

Man kann also sagen, dass eine gefestigte Paarbeziehung geprägt ist von Fürsorglichkeit, gemeinsamen Zielen, dem Gefühl von Nähe, Sicherheit und Vertrauen.

Damit sind auch schon die wichtigsten Eckpfeiler benannt, die nach vorherrschender Definition die Verliebtheit von der Liebe unterscheiden. Verliebtheit mündet, wenn beide Partner sich einig sind, in die Liebe. Per definitionem bezeichnet also Liebe „(...) das stärkste Gefühl der Zuneigung, mit der Haltung inniger und tiefer Verbundenheit zu einer Person, geprägt von Wertschätzung und tätiger Zuwendung, Fürsorge und Achtung".

Übung 5

• Bitte notieren Sie sich, wie (in welchem Zusammenhang) genau Sie selbst Zuneigung, Fürsorge, Verbundenheit und Wertschätzung Ihrem Partner gegenüber empfinden.

• Notieren Sie, wie Sie das zeigen.

• Wo empfinden Sie die Zuneigung, Fürsorge, Verbundenheit und Wertschätzung Ihres Partners Ihnen gegenüber? Wie zeigt sich das?

Machen Sie sich bitte bewusst, wie sehr eine gute Partnerschaft unter anderem genau auf diesen Inhalten beruht. Selbstverständlichkeiten sind es wert, ab und zu wieder einmal angeschaut zu werden!

Partner sein – Aber wie?

ZIELE UND VORSTELLUNGEN

Wir werden uns nun damit beschäftigen, wie es eigentlich gelingt, über längere Zeit eine funktionierende Beziehung aufzubauen und zu erhalten.

Im Gespräch mit Paaren, die eine Paartherapie begannen, erfuhren Forscher immer wieder ähnliche Beschreibungen dessen, warum eine Partnerschaft kriselte oder vom Absturz bedroht war. Die wichtigsten **Gründe für Schwierigkeiten in der Beziehung** schienen zu sein:

• Mangelndes Verständnis füreinander

- Verlorenes oder mangelndes Vertrauen, Misstrauen
- Langeweile und Routine, Alltag, Kinder
- Mangelnde Wertschätzung
- Vernachlässigung psychisch und sexuell.

Nach den Wünschen befragt, **was** die **Partner** insgesamt **mehr wünschen würden**, äußerten die Paare Folgendes:

- (wieder) wichtig zu sein für den Partner
- Routine abzustellen
- mehr (wieder) Vertrauen haben zu können
- füreinander interessant zu sein.

Beginnt ein Paar das gemeinsame Leben, stellen sich, wie bereits beschrieben, nach einiger Zeit verständlicherweise Routinen ein, werden Abläufe automatisch, Gewohnheiten setzen sich fest.

Das ist an sich nichts Schlimmes – Gewohnheiten vermitteln auch Gefühle von Sicherheit, wenn dadurch vieles überschaubar bleibt. Der Alltag mit all seinen Anforderungen hält oft andere Aufregungen bereit als zum Beispiel die Frage, ob man sich vom Partner noch genauso stark geliebt fühlt wie in den ersten Wochen. Da sich beide Partner einer gewissen Routine stellen müssen, allein schon durch Mehrfachbelastungen von

Beruf, Kindern und gesellschaftlichem Leben, ist das gleichmäßig ablaufende Leben einfach auch eine Variante, am besten zurechtzukommen.

Chaos belastet, zehrt an den Kräften, deshalb ist ein geregelter, routinierter Ablauf gesund und schont Ressourcen. Jedes Paar kennt diese Situation, nach einem anstrengenden Tag einfach nur mal jeder für sich in seine eigene Welt versinken zu wollen, mit Jogginghosen aufs Sofa und nicht mehr sprechen oder zuhören zu müssen.

Gewohnheit und Routine sind also primär nichts Schlechtes, sondern können ein Gefühl von Beständigkeit hervorrufen. Beständigkeit ist ein wichtiger Aspekt davon, sich fallen lassen zu können, sicheren Boden unter den Füßen zu spüren – und somit Vertrauen haben zu können.

BELASTUNGSPROBEN

Wenn Sie sich die vorher beschriebenen Hauptgründe für Probleme in der Partnerschaft noch einmal anschauen, können Sie gut erkennen, was da auf der Strecke zwischen Verliebtsein und Paar-Sein jetzt und heute passiert sein kann.

Ich möchte zunächst das große Thema Vertrauen ein bisschen näher betrachten, sowohl den Verlust als auch den Wunsch nach mehr – oder wieder mehr – Vertrauen. Der Begriff „Vertrauen" begegnet uns in unserem Sprachgebrauch so häufig, dass wir allein schon daraus ahnen können, welchen Stellenwert er einnimmt. Er bezeichnet die „(...) subjektive Überzeugung von der Richtigkeit, Wahrheit von Handlungen und Aussagen von Personen". Vertrauen in jemanden zu haben, bedeutet also, ich sehe ihn als glaubwürdig an, gehe davon aus, dass seine Aussagen stimmen und er meines Vertrauens würdig ist.

Dazu bedarf es einer Vertrauensgrundlage – als erwachsener Mensch traut man nicht mehr bedingungslos wie ein Kind, sondern spürt deutlich die Möglichkeit, durch falsch gesetztes Vertrauen verletzt zu werden. Schenke ich aber einer Person mein Vertrauen, öffne ich mich dieser Person freiwillig, schenke ihr also meine Zuversicht, dass sie mich nicht verletzen wird. Begriffe wie Treue, Trauung, vertraut, anvertrauen, zutrauen, vertrauensselig, Vertrauter, Vertrauensperson ... bezeichnen sehr gut, in welchen Bereichen wir bereit sind, Vertrauen zu schenken.

Was aber, wenn das anfänglich ungetrübte Vertrauen in den Partner verloren geht? Wenn das

Misstrauen sich breitmacht? Man sich nicht mehr trauen kann? Ist es möglich, verlorenes Vertrauen wieder zurückzugewinnen? Neu anzufangen? Diese Fragen beschäftigen mehr Menschen, als Sie vielleicht denken. Nicht nur Paare, die bereits Vertrauensbrüche durch den Partner erlebt haben, sondern auch solche, die doch scheinbar intakte und funktionierende Partnerschaften leben.

MISSTRAUEN

Miss-Trauen – heißt: gestörtes Vertrauen, das Vertrauen ist nicht uneingeschränkt – ist ein absoluter Stressfaktor für eine Liebesbeziehung. Wenn Sie überlegen, auf welchen Grundpfeilern wir im Verlauf dieses Ratgebers eine funktionierende Beziehung gesehen haben – dann ist durch Misstrauen oder auch durch verspieltes Vertrauen eines der stärksten Fundamente erschüttert. Egal, ob das Misstrauen berechtigt ist oder aus eigenem Empfinden und den gemachten Erfahrungen herrührt – traue ich meinem Partner nicht mehr, dass seine Aussagen wahr sind und er handelt, wie er sagt, dann stelle ich diese Konstruktion von Paar-Sein infrage. Damit einher gehen immer Begriffe wie Kontrolle, Eifersucht, Verletzung, Streit.

Wie wir bereits erfahren haben, beruht die Fähigkeit, jemandem zu vertrauen, auf gemachten eigenen Erfahrungen und auf der Glaubwürdigkeit des Gegenübers. Macht also mein Partner in allem, was er sagt und tut, einen wahrhaftigen Eindruck, so habe ich keinen Grund, ihm nicht zu trauen. Stehen aber Aussagen im Widerspruch zu Handlungen, weckt das automatisch meine Skepsis – das Bild ist nicht „stimmig".

In reiferen Beziehungen ist es leider (oder glücklicherweise?) so, dass man sich nicht unbedarft und ohne Erfahrung in dieses Paar-Sein begibt. Alles, was man erfährt und erlebt, wird innerlich ständig abgeglichen mit dem, was wir unseren Erfahrungsschatz nennen. Haben wir also ähnliche Muster bei einer vorherigen Beziehung bereits erlebt, ist es schwer, unvoreingenommen davon auszugehen, es könnte dieses Mal ganz anders sein. Das Bild vom „gebrannten Kind", das das Feuer scheut – nichts anderes als eine Umschreibung dafür, dass, wenn wir wüssten, uns stünde eine ähnliche Situation wieder bevor, wir diese ganz sicher nicht noch einmal wiederholen würden.

Was aber tun, wenn der Partner plötzlich ständig Überstunden machen muss? Wenn gemeinsame Termine abgesagt werden wegen anderer Gründe? Sein Handy mitten in der Nacht blinkt und er leise aus dem

Zimmer geht? Ich versichere Ihnen: Wenn Sie nicht völlig gefühlsarm sind, werden solche Situationen für Sie auf jeden Fall zu einer Bewährungsprobe!

Sie haben nun mehrere Möglichkeiten. Hier eine Auswahl: Kontrollieren Sie ständig unbemerkt sein/ihr Handy! Lesen Sie möglichst seine/ihre E-Mails! Überprüfen Sie den Geruch der Kleidung! Fahren Sie ihm/ihr zu den angeblichen Terminen hinterher!

Setzen Sie Freunde/Freundinnen auf Ihren Partner an! Stellen Sie in Gesprächen Fangfragen! Lassen Sie nicht locker, wenn er/sie sich in Widersprüche verstrickt! Das kommt Ihnen bekannt vor? Nun, vielleicht deswegen, weil dies die bekanntesten Verhaltensweisen misstrauischer Menschen sind. Wer sich selbst nicht sicher ist, sucht nach Möglichkeiten, seine Gefühle zu rechtfertigen, nach dem Schema: „Ich hatte recht mit meinem Gefühl, er/sie betrügt mich, es ist völlig in Ordnung misstrauisch zu sein." Hier lauert eine der vielen Fallen für eine funktionierende Beziehung.

Der eifersüchtige und misstrauische Mensch lässt selten das Argument gelten, er/sie könnte Unrecht haben. Im Gegenteil: Es wird immer stärker nach Beweisen für den Grund des Misstrauens gesucht. Jede

Kleinigkeit dient dazu, dieses Misstrauen zu bestärken und zu rechtfertigen.

Im Gegenzug fühlt sich der Partner immer stärker überwacht und kontrolliert, erlebt Enge und Unsicherheit, mit dem Hintergrund, dass er eigentlich nur alles immer schlimmer machen kann.

Jede Erklärung, die überkritisch zerpflückt wird, jedes Verhalten, das auf dem Prüfstand analytisch zerlegt wird, hinterlässt den Eindruck von Schuld, schlechtem Gewissen und nicht zuletzt von Überdruss.

Übung 6

Notieren Sie bitte ehrlich:

• Kennen Sie das Gefühl, Ihrem Partner gegenüber misstrauisch zu sein? Was ist/war der Grund dafür? Denken Sie dabei bitte auch an vergangene Partnerschaften.

• Wie hat sich Ihr Misstrauen gezeigt? (Körperliches Unwohlsein, gesteigerte Aufmerksamkeit, innerer Rückzug)

• War der Grund für das Misstrauen gerechtfertigt? (Untreue, Lüge)

• Gab es Situationen, in denen Sie selbst das Vertrauen Ihres Partners enttäuscht haben? Wenn ja, welche?

• Hat Ihr Partner diesen Vertrauensbruch erfahren?

Kommen wir noch einmal zurück zu dem Begriff des Vertrauens. Liebt man seinen Partner, weil man ihm/ihr vertraut, oder vertraut man ihm/ihr, weil man ihn liebt? Ich denke, diese Frage ist eine der grundlegendsten, die Sie und auch Ihr Partner sich stellen sollten. Was bedeutet dieses „Ich liebe dich"? Kann ich in dem Moment, wo mir ein Mensch diese berühmten drei Worte sagt, bereits davon ausgehen, dass er mir auch vertraut? Oder ist dieses Liebesgeständnis der Beginn einer Art Handelsbeziehung – „Tust du dies und das, dann kann ich dir vertrauen und dann liebe ich dich"?

Ich denke, wir sind uns einig darin, dass Misstrauen keine gesunde Basis für eine funktionierende Beziehung sein kann. Krankhaftes Misstrauen, Eifersucht und mangelndes Selbstwertgefühl gehen oft miteinander einher, auch wenn nicht alles an diesen Gefühlen als krankhaft bezeichnet werden muss!

Ich möchte Ihnen gern einen Weg eröffnen, wie Sie mit Ihrer Ansicht nach vielleicht berechtigtem Misstrauen umgehen können, aber auch mit der

Erfahrung, vom Partner ungerechtfertigt mit Misstrauen belegt zu werden.

VERTRAUEN FÜR IMMER
VERLOREN?

Sie kennen den Ausdruck: „Wenn das Kind einmal in den Brunnen gefallen ist ..." Darin klingt ein echtes Bedauern mit, dass eine Situation nicht mehr so sein kann, wie sie vorher war. Stimmt!

Hat ein Paar einmal eine Erfahrung von Vertrauensbruch gemacht, ist nichts mehr so wie vorher, als man noch voller Zuversicht und Sicherheit vertraut hat. Darüber sollte sich jeder Mensch klar sein, egal, um welche Beziehungen es geht. Hat sich ein anderer Mensch mir anvertraut, auf mich eingelassen – dann hat er mir damit auch eine sehr verletzliche Seite präsentiert. Der, dem das Vertrauen geschenkt wurde, trägt also auch ein Stück weit die Verantwortung dafür, dass der andere nicht verletzt wird.

Im Alltag einer Partnerschaft entstehen auch auf anderen Ebenen Verletzungen, sei es durch Nachlässigkeiten oder einfach, weil man zeitweise nicht mehr den gleichen Blickwinkel hat. Unterschiedliche Lebensbereiche führen zu unterschiedlich gelagerten

Anforderungen. Mein Partner erwartet genauso viel Verständnis für seine Lage wie ich für meine.

Im Trubel von Kindererziehung, Beruf, Familienleben und gesellschaftlichen Verpflichtungen kann es schon passieren, dass man sich gegenseitig etwas aus den Augen verliert. Man lebt zwar miteinander, aber mehr nebeneinander als gegenüber. Es kann passieren, dass sich der eine Partner vom anderen nicht mehr wahrgenommen fühlt. Allerdings ist gerade in schwierigen, belastenden Zeiten der Wunsch besonders groß, von einem vertrauten Menschen die nötige Unterstützung und Wertschätzung zu bekommen.

Hand aufs Herz: Wie oft haben Sie in den letzten 2 Wochen Ihrem Partner gesagt, dass Sie glücklich darüber sind, ihn/sie an Ihrer Seite zu haben? Aus dem Gefühl von Vernachlässigung, mangelndem Verständnis, fehlender Wertschätzung und Langeweile kann der dringende Wunsch entstehen, „alles wieder auf Anfang" zu setzen – dahin, wo die Gefühle noch umwerfend, prickelnd und spannend waren.

Dahin, wo man sich so überaus lebendig und begehrenswert fühlen durfte. Wo man das deutliche Gefühl hatte, für den anderen die wichtigste Person im Leben zu sein. Und so wird klar, warum viele Partner den Ausweg aus ihrer Situation suchen, in dem sie eine neue, prickelnde Beziehung beginnen – sei es als Seitensprung, sei es, indem sie aus der unbequem gewordenen Beziehung flüchten und sich trennen. Ich möchte Sie nicht langweilen mit dem Satz „Partnerschaft bedeutet lebenslange Arbeit" – denn war es nicht die Leichtigkeit der Verliebtheit, die uns überhaupt erst das Gefühl gab, alles schaffen zu können?

Hätte uns beim ersten Date, bei dem ersten Anflug von Herzklopfen jemand mit mahnend erhobenem Zeigefinger gesagt: „Denkt daran, da kommt eine Menge Arbeit auf euch zu!" – ich glaube erstens nicht, dass uns das auch nur das Geringste bedeutet hätte, und zweitens hätte diese Aussage uns nicht davon abhalten können, uns zu verlieben.

Vielleicht können wir uns auf den Nenner einigen, dass spätestens dann, wenn es Konflikte in der Partnerschaft zu lösen gibt, ein Verständnis darüber aufkommt, wie schwierig es auch sein kann, mit einem fremden Menschen alles zu teilen.

Zurück zum Misstrauen bzw. Vertrauen. Sie dürfen davon ausgehen, dass Sie in dem Moment, in dem Ihr Partner das Vertrauen in Sie verloren hat (oder Sie in ihn), nicht mehr ganz so einfach den Zustand zurückbekommen, der vorher da war.

Es lohnt sich, einige **Grundregeln für Vertrauen** immer mal wieder zu verinnerlichen:

- **Kommunikation! Kommunikation! Kommunikation!** Regelmäßig offen miteinander zu sprechen, schafft und erhält Vertrauen.

- **Hören Sie einander gut zu!**

- **Bleiben Sie authentisch.** Sagen Sie, was Sie denken, meinen, fühlen. Tun Sie, was Sie sagen.

- **Seien Sie ehrlich!**

- **Gehen Sie offen mit Fehlern um**, mit Ihren eigenen und auch mit denen des anderen.

- **Lassen Sie sich Zeit.** Geben Sie Ihrem Gegenüber die Zeit, die er/sie braucht.

Durch häufiges Miteinander-Sprechen werden Dinge klarer. Gefühltes und nicht Gesagtes gärt wie ein Bodensatz, kommt dann oft bei ganz anderen Themen plötzlich zum Vorschein. Paare, die viel miteinander sprechen, sind sich insgesamt sicherer über den inneren Zustand ihres Partners.

Zuhören als Ausgangspunkt eines Konfliktgesprächs kann schwierig sein, vor allem, wenn es um Schuldzuweisungen geht. Das aufmerksame Zuhören ist aber für den anderen ein Signal, dass das Gesagte auch ankommt, dass er gehört wird.

Wir dürfen beim Zuhören nicht davon ausgehen, dass eine Aussage immer so gemeint ist, wie sie bei uns ankommt. Dazu gibt es einige Modelle aus der Kommunikationsforschung, die beweisen, dass wir aufgrund unserer gemachten Erfahrungen und Prägungen auf verschiedenen Ebenen hören. (s. 4-Ohren-Modell nach F. v. Thun)

Genaues Hinhören, wirklich zu verstehen, was das Gegenüber sagt, und dann noch objektiv auswerten, was man gehört hat, das ist zum Teil lange und geduldige Übungsarbeit. Je besser wir aber dem Partner zuhören, desto weniger Missverständnisse wird es in der Partnerschaft geben.

Deutlich benennen zu können, welche Befürchtungen man hat, was man beobachtet hat oder wie man sich gerade fühlt, kann unglaublich schwer sein. Sie kennen sicher das Gefühl, dass man eigentlich die Worte schon auf der Zunge trägt – und dann doch zurückweicht und eher nichts sagt. Die Angst, dass man durch das Benennen von Problemen diese noch größer macht, vielleicht gar das Scheitern der Beziehung vorantreibt, lässt uns oft da schweigen oder beschwichtigen, wo wir besser direkt und offen zum Kern der Probleme vordringen würden.

Ehrlich zu sein, offen zu sein – wie oft wird genau das als Wunsch geäußert, wenn es um den idealen Partner geht – dass er offen und ehrlich mit uns umgeht. Zum Thema Offenheit gleich mehr – doch machen Sie sich bewusst, dass dieser Wunsch nach Offenheit durchaus nicht nur positive Seiten für uns hat! Durch offenes, ehrliches Umgehen miteinander können auch Wunden entstehen, kann beiden schmerzhaft klar werden, dass es da Punkte gibt, die äußerst empfindlich sind.

Fehler bei sich selbst oder dem anderen zu entdecken, auch anzunehmen, dass diese Fehler vielleicht die Ursache für einen großen Vertrauensverlust sind – das macht klar, dass da Arbeit auf uns zukommt.

Die Vorstellung ist nicht immer angenehm – aber genau das ist es, wenn man unter dem strahlenden, neuen Lack die Grundierung erkennt.

Verletzungen brauchen Zeit zum Heilen. Egal, ob sie aus der jetzigen oder einer vorherigen Beziehung stammen: Jeder Partner braucht eine gewisse Zeit, um die Wunden heilen zu lassen. Das passiert zum großen Teil in jedem selbst – aber auch Ihr Verhalten als Partner trägt dazu bei, wie Verletzungen abheilen können.

Deshalb: Geben Sie sich und Ihrem Partner Zeit, bleiben Sie geduldig und signalisieren Sie, dass Sie warten können auf den Heilungsprozess. Ein verletzter Mensch muss Altes erst ablegen können, bevor er sich auf etwas Neues einlassen kann.

Übung 7

Benennen Sie die für Sie größte Verletzung von Vertrauen, die Sie bisher erlebt haben.

• Sind Sie darüber hinweg – oder kommt diese Wunde immer wieder zum Vorschein?

• Weiß Ihr Partner von dieser Verletzung?

• Was bedeutet diese Wunde in Ihrer jetzigen Partnerschaft?

• Können Sie mit Ihrem Partner offen darüber sprechen?

VERTRAUEN WIEDER AUFBAUEN

Glauben Sie mir – die Beschäftigung mit den vorangegangenen Themen fühlt sich für niemanden angenehm an. Eigene Fehler einzugestehen, Wunden, Verletzungen, Schmerz – das sind keine erstrebenswerten

Inhalte für eine glückliche Beziehung, sicher. Aber sollten Sie zu den Menschen gehören, die ihrer Fähigkeit, die Zukunft zu gestalten, insgesamt positiv gegenüber stehen, so habe ich gute Nachrichten für Sie:

Ja, es geht, verloren gegangenes Vertrauen zurückzugewinnen. Wenn Sie sicher sind, mit Ihrem Partner zusammenbleiben zu wollen – dann nehmen Sie dieses Projekt an! Lassen Sie sich ein auf die Aussicht, Ihre Partnerschaft zu beleben, gesund werden oder bleiben zu lassen – und trauen Sie sich selbst, dass Sie das auch schaffen!

Durch einige wenige Grundsätze lässt sich so die Qualität einer Beziehung deutlich verbessern. Natürlich beinhaltet diese Aufgabe auch die Bereitschaft beider Partner, sich darauf einzulassen. Eine gelingende Partnerschaft ist keine Ein-Mann- (oder Frau) Show, sondern beruht auf der gegenseitigen Fähigkeit, sich auch schwierigeren Aspekten des Paar-Seins zu stellen – voller Vertrauen in die eigenen und die Fähigkeiten des anderen.

Als Erstes: Werden Sie sich klar darüber, was Sie eigentlich wollen.

Was ist es, was Sie erreichen möchten? Wo bestehen aus Ihrer Sicht Defizite, die bearbeitet werden müssen?

Also Klartext: Wollen Sie mit dieser Frau/diesem Mann zusammenbleiben? Möchten Sie mehr Offenheit, Vertrauen und Liebe einbauen in diese Beziehung?

Zweitens: Machen Sie sich Luft!

Halten Sie nicht hinter dem Berg mit Ihren Gefühlen, sprechen Sie offen an, was Sie stört, was Sie verletzt. Geben Sie Ihrem Gegenüber die Möglichkeit, klar zu sehen, wie es in Ihnen aussieht.

Drittens: Vermeiden Sie Schuldzuweisungen!

In dem Moment, wo ich meine (negativen) Gefühle dem anderen oder seinem Verhalten anlaste, treibe ich ihn bereits in die Verteidigung. Dann ist das aufmerksame Zuhören bereits abgeblockt, da der andere schon nach Entgegnungen sucht, um sich zu rechtfertigen.

Viertens: Akzeptieren Sie die Situation so, wie sie ist.

Es hilft nicht, belastende Situationen schönzureden. Man ist als Paar an einem Punkt angekommen, wo nichts besser hilft als das Benennen und Akzeptieren der Ist-Situation. So wird beiden klar, um was oder wie viel es eigentlich geht.

Fünftens: Reden Sie Klartext!

Vermeiden Sie viele Umschreibungen, trauen Sie sich und Ihrem Partner zu, dass Sie beide das aushalten. Zeigen Sie dadurch auch ruhig, wie verletzt Sie vielleicht innerlich sind.

Sechstens: Nehmen Sie Entschuldigungen an!

Ein wichtiger Punkt, um einander wieder vertrauen zu können, ist einmal die Fähigkeit, sich ehrlich entschuldigen zu können – aber auch die Fähigkeit, zu verzeihen. Wenn Ihr Partner sich bei Ihnen ehrlich entschuldigt, versuchen Sie, keine Reste von Misstrauen beizubehalten. Verzeihen und Ent-Schulden bedeutet, es bleibt nichts mehr übrig von der (vermeintlichen) Schuld.

Und zu guter Letzt:

Schaffen Sie gemeinsam die Möglichkeit, dass das Problem nicht erneut auftreten kann.

OFFEN UND EHRLICH – VON DER KUNST, MANCHMAL NICHT ALLES ZU SAGEN

Ja, wir wünschen uns, dass unser Partner uns gegenüber offen und ehrlich ist. Je länger wir mit einem Menschen zusammen sind, desto mehr wissen wir über ihn oder glauben ihn in- und auswendig zu kennen.

Je offener ein Mensch mit uns umgeht, desto mehr Einblicke in ihn als Charakter und seine innere Erlebenswelt gestattet er uns. Je mehr wir zu wissen scheinen, desto mehr glauben wir auch, vertrauen zu können. Doch Vorsicht: Wir können immer nur sehen, was der andere Mensch uns auch zu sehen gibt! Es gibt sicher keinen Menschen, der nicht eigene, ganz persönliche Geheimnisse hat, und wer behauptet, alles von seinem Partner zu wissen, täuscht sich.

Allerdings ist das Alles-Wissen nicht die Grundvoraussetzung für Vertrauen – wichtig ist es, grundlegend Wichtiges wissen zu dürfen. Das ist ein feiner, aber gewichtiger Unterschied. Jeder Mensch hat das Recht darauf, bestimmte Aspekte oder Erfahrungen für sich zu behalten. Oder glauben Sie, es ist grundlegend wichtig zu wissen, wie peinlich Ihr Partner sich in seiner Vergangenheit einmal im Vollrausch benommen hat?

Kennt man sich länger, weiß man auch, welche Dinge den anderen verletzen oder belasten könnten. Damit trifft man automatisch eine Vorauswahl darüber, was man ihm sagt und was nicht. Sich alles zu erzählen, ist also nicht gleichbedeutend damit, wie sehr mich mein Partner liebt. Den anderen Menschen teilhaben zu lassen, im wahrsten Sinn des Wortes, rücksichtsvoll zu sein und liebevoll, nichts aus Angst oder Gemeinheit zu verschweigen – das sind die wichtigen Voraussetzungen für eine gesunde Beziehung. Oder wie ein abgewandeltes Sprichwort ausdrückt: Reden ist Silber, manchmal zu schweigen, ist Gold.

So mag es Vertrauen fördern, von vergangenen Beziehungen zu sprechen und dem Partner damit auch Hinweise zu geben, wie sehr einen dies oder das verletzt und gestört hat.

Auch davon zu sprechen, wie sehr man einen anderen Menschen geliebt hat in der Vergangenheit, fördert Vertrauen – denn die Fähigkeit, sehr und tief zu lieben, geht einem nicht abhanden und kann dem jetzigen Partner einen Ausblick geben, wie eine Beziehung mit mir aussehen könnte.

Diese Themen sind aber zum Beispiel in der Anfangs- und Orientierungsphase eines Paares eher schwierig. Da möchte eine frisch verliebte Frau nicht hören, wie tief verletzt man ist durch die Trennung von einer anderen Frau. Oder ein Mann möchte sicher nicht wissen, wie sehr man in einen vorherigen Partner verliebt war.

Diese Informationen werden im Verlauf einer Partnerschaft, die schon gefestigt ist, besser in das Puzzle eingefügt und erschüttern dann das empfindliche Gerüst von Liebe und Vertrauen nicht mehr in dem Maß wie vielleicht am Anfang. Das Wissen um die Vergangenheit unseres Partners kann auch unser eigenes Verständnis der Gegenwart stärken: Die Vergangenheit hat diesen Menschen zu dem geformt, den wir heute erleben.

Offenheit ist wichtig in Bezug auf Wünsche und Vorstellungen allgemein. Es nützt nichts, wenn ich meinem Partner anfänglich etwas „vormache", sage, was er oder sie gern hören möchte – und mich selbst dann unwohl fühle.

Jede Beziehung verändert sich mit den Jahren, auch die Wünsche und Bedürfnisse. Die Fähigkeit, darüber auch zu sprechen, macht aus, ob ich mich von meinem Partner auch verstanden wissen kann. Ich kann nicht erwarten, dass mir mein Partner all meine Wünsche und Bedürfnisse von den Augen abliest – auch wenn das in langjährigen Beziehungen durchaus immer besser funktionieren kann. Doch je mehr ich über meine Wünsche spreche, desto besser kann sich mein Partner in mich einfühlen, und damit komme ich der Erfüllung meiner Wünsche näher. Die Haltung „Wenn er/sie mich liebt, müsste er/sie das eigentlich wissen" setzt eine Erwartungshaltung voraus, die der andere nur in den seltensten Fällen erfüllen kann.

Offenheit in der Partnerschaft bedeutet auch, dass der andere einem durchaus unangenehme Dinge sagen kann. Das setzt aber voraus, dass Sie selbst in der Lage sind, auch mit den weniger schönen Aspekten einer Partnerschaft umzugehen.

Reagieren Sie jedes Mal zutiefst verletzt, wenn Ihr Partner Ihnen eine unangenehme Wahrheit präsentiert, so wird dieser sich jedes Mal genauer überlegen, ob er offen mit Ihnen darüber spricht. Gestehen Sie sich selbst – und natürlich auch Ihrem Partner – zu, dass Sie beide Menschen mit Fehlern und Defiziten sind.

VOM HALTEN UND LOSLASSEN

Geht ein Paar eine Verbindung ein und gestaltet ein gemeinsames Leben, so ist die Anfangsphase meist von viel Nähe, gemeinsamen Unternehmungen und dem Wunsch geprägt, möglichst viel Zeit miteinander zu verbringen.

Schaut man sich dieses Paar nach einigen Jahren an, so wird deutlich, wie neben dem absoluten „WIR" durchaus auch wieder zwei Individuen sichtbar werden. Jeder der Partner verlässt mit dem Sich-Einlassen auf den anderen ja nicht sein gesamtes bisheriges Leben. Da gibt es, wenn alles gut geht, Freundschaften, die weiter bestehen, Hobbys, bei denen der Partner nicht unbedingt die Begeisterung dafür teilen kann, unterschiedliche Bedürfnisse und Vorlieben.

Möchte man am Anfang der Liebesbeziehung am liebsten noch völlig aufgehen im jeweils anderen, so zeigt sich im weiteren Verlauf, wie wichtig die persönlichen Freiräume sind.

Eine „enge" Partnerschaft kann auch genau das sein – beengend, einschränkend und wenig Platz für persönliche Entfaltung lassend. Die Bereitschaft, dem anderen Platz zu lassen, ihn zu fördern und zu stärken in seiner persönlichen Entwicklung, ist eine der

Grundvoraussetzungen, dass aus Verliebtheit Liebe wird – wir erinnern uns.

Bei Paaren, die gemeinsam Kinder aufziehen, kommt es oft schnell zu Schieflagen in dieser gegenseitigen Förderung. Da ist der eine beschäftigt damit, seine Arbeitswelt zu meistern, kommt vielleicht auch in seiner Karriere voran, und der andere hat das Gefühl, abgehängt worden zu sein, wenig Förderung zu erfahren und in der Entfaltung gehemmt zu sein. Um wie viel wichtiger ist es da, als Paar zu funktionieren – nicht nur als zwei Individuen!

Denken Sie an das vorherige Kapitel! Offenheit, zuhören, Bedürfnisse benennen – alles das sind wichtige Bausteine, um sich gegenseitig gleichzeitig halten und loslassen zu können. Halt geben, aber auch Freiheit gewähren. Nah sein und dennoch nicht einengen.

GEMEINSAM EINSAM?

Was nun, wenn sich einer oder sogar beide Partner zwar in einer festen Beziehung sehen, innerlich aber aus verschiedenen Gründen sprachlos werden? Mangelndes Interesse aneinander, fehlende sexuelle Anziehung, Langeweile in immer gleich ablaufenden

Routinen und – nicht zu vergessen – Müdigkeit schwächen naturgemäß die Faszination voneinander ab.

Die bereits genannten Möglichkeiten, eine Beziehung lebendig zu halten, erscheinen einem als zu mühsam. Man sitzt gemeinsam auf dem Sofa, liest sich durch die Social-Media-Kanäle, nimmt Anteil am Leben völlig fremder Menschen – und schweigt. Und nicht zuletzt durch dieses Schweigen, dem Gefühl, der andere habe kein Interesse an mir, verschwindet das Selbstvertrauen in sich selbst als begehrenswerter Partner. Wie viele Paare genau diese Sprachlosigkeit und das Schweigen zu Paartherapien bringt, ist nicht Gegenstand hier. Aber klar ist: Sie haben es selbst in der Hand, Sie als Paar, ob Ihre Beziehung Sie glücklich und erfüllt leben lässt – oder Seite an Seite einsam.

Ich habe hier noch eine kleine Übung für Sie und Ihren Partner – überraschen Sie ihn/sie doch einmal mit folgendem kleinen Spiel:

Übung 8

• Schneiden Sie aus Papier mit 2 verschiedenen Farben Zettel aus. Eine Farbe für Sie, eine für Ihren Partner.

• Schreiben Sie auf Ihre Karten jeweils eine Frage, von der Sie denken, dass Ihr Partner die möglicherweise beantworten kann. Alles ist erlaubt: Familie, Herkunft, Vorlieben, Lieblingsorte, gemeinsame Erlebnisse, sexuelle Vorlieben ... lassen Sie Ihrer Fantasie freien Lauf! Nehmen Sie ruhig einfache und etwas schwieriger zu beantwortende Fragen.

• Auf der Rückseite der Karte notieren Sie Ihre eigene Antwort auf die Frage.

• Beim nächsten Frühstück oder Abend auf der Couch nehmen Sie sich einfach einige dieser Karten und fragen sich gegenseitig.

Sie kennen dieses Spiel wahrscheinlich von Hochzeiten und anderen Feiern, wo die Paare auf Übereinstimmung geprüft werden. Denken Sie hier nicht daran, dass es um einen Wettstreit geht! Vielleicht geraten Sie an Fragen, die Sie sich noch nie gestellt haben, oder es kommen ganz und gar überraschende Erkenntnisse dabei heraus! Der Hintergrund ist: Sie spielen miteinander. Sie sprechen miteinander. Es geht um Ihr Interesse aneinander. Ich kann Ihnen versprechen – es wird zumindest das Schweigen an diesem Abend beenden. Und wer weiß, was da nachwirkt.

VOM REDEN UND STREITEN

Alte Paare sagen oft, es habe in ihrem gemeinsamen Leben nie Streit gegeben. Miteinander reden ja – aber streiten? Niemals. Meine Oma sprach einfach zwei Wochen lang nicht mit meinem Opa, wenn sie sich über ihn geärgert hatte. Aber nach ihren Worten gab es nie Streit zwischen ihnen. Am Ende ihrer Krankheit, die ihr aufgrund eines Hirntumors die Fähigkeit zu sprechen genommen hatte, waren die beiden sich in ihrem Schweigen dennoch nah und sichtlich zugetan; mein Opa allerdings sagte, er hätte gern noch mehr mit ihr gesprochen.

Viele Paare sagen auch, sie streiten viel, lieben sich aber trotzdem heiß und innig – das typische Bild von fliegenden Fetzen und zerbrochenem Geschirr mit anschließender Versöhnung.

Der **Unterschied zwischen Diskussion und Streit mag** für manche nicht gleich sichtbar sein – lassen Sie uns kurz über das Wesen der beiden Begriffe sprechen.

Diskussionen entstehen aus unterschiedlichen Auffassungen und Sichtweisen. Die Diskutierenden haben unterschiedliche Ausgangspositionen, inspirieren sich in der Diskussion aber günstigenfalls gegenseitig. Lösungsmöglichkeiten werden in der Diskussion gemeinsam erarbeitet, wenn man sich die Sichtweise des anderen anschaut und durchdenkt. Was ich selbst nicht bedacht habe, ist vielleicht genau der Schwerpunkt des Partners. So kann eine Diskussion Ergebnisse und Lösungsmöglichkeiten bieten, auch wenn sie hitzig ist.

Im Gegensatz dazu hat **Streiten** mehr Aspekte des Überzeugenwollens von der eigenen Sichtweise. Der Streit geht mehr auf die persönliche Ebene, kann stärker angreifen und verletzen. Ist das Ziel, den anderen um jeden Preis von der eigenen Auffassung zu überzeugen, wird schneller zu Mitteln gegriffen, die dem anderen den Boden entziehen, ihn in die Ecke treiben oder verletzen.

Warum nun gibt es in Partnerschaften immer wieder Streit? Gründe dafür können Sie sicherlich auch vielfältige nennen – lassen Sie mich einfach nur Misstrauen bzw. Eifersucht, Geldsorgen, Vernachlässigung und Frustration erwähnen.

Potenzial zum Streit hat jedes dieser Themen. Können wir über Misstrauen diskutieren oder kommt es bereits bei geringstem Anlass zum Streit? Denken Sie diese Geschichte einfach weiter. Sie sehen, es gibt Themen, da fällt es deutlich schwerer, zu diskutieren als zu streiten. Aber womit geht es uns schlechter? Mit einem gewonnenen oder verlorenen Streit oder mit einer Diskussion, die am Ende eine Lösungsmöglichkeit ergab?

Auch, wenn Sie das Glück haben, in einer Paarbeziehung zu leben, die kaum Streit kennt – fragen Sie sich, ob diese Ruhe eher die Ruhe um jeden Preis ist! Nehmen Sie sich eher zurück, damit es nicht zum Streit kommt? Ist die Beziehung intakt, wenn man sich ständig „versteht" und nie streitet? Wie viel davon ist Erstarrung in gut geübter Routine?

Ich möchte Ihnen ein kleines **Bild zum Nachdenken** geben:

Stellen Sie sich einmal einen drückend schwülen Sommertag vor. Die Hitze lastet auf Ihnen, Sie spüren das unangenehme Gefühl, dass es gleich „knallt". Die Vögel sind verstummt, es herrscht die berühmte Ruhe vor dem Sturm. Und dann: Der erste Blitz! Es donnert laut, Sturm kommt auf und der Regen platscht nur so auf Sie herab.

Sie halten diesem Gewitter stand, verkriechen sich nicht, sondern spüren alles genau und direkt. Den Wind, der Sie fast umpustet, der Regen auf Ihrer Haut, das elektrische Gefühl um Sie herum und Sie hören überlaut den heftigen Donner. Und danach: Der Wind hat sich gelegt, der Regen hört auf. Sie sind durchnässt, spüren aber überdeutlich dieses Gefühl von Klarheit und Frische um Sie herum. Sie sind ziemlich zerzaust, aber um Sie herum ist Altes und Nutzloses weggewirbelt und Sie fühlen sich vielleicht so lebendig wie schon lange nicht mehr.

Ein solches Gewitter kann überaus reinigend sein! Auch in einer Beziehung kann ein lang angestauter Streit, dem man immer wieder geschickt aus dem Weg gegangen ist, plötzlich und heftig wie ein Sommergewitter über Sie hereinbrechen.

Wichtig ist doch, wie gut Sie dem standhalten können. Als Paar ist es immer wieder wichtig, sich gegenseitig zu versichern, dass einen nichts so schnell umhaut. Und die beste Möglichkeit, das zu beweisen, ist ein heftiger Streit, den beide durchstehen; gemeinsam hinterher aufzuräumen, das alte Laub und die herabgewirbelten Äste wegzufegen und Platz für Neues zu schaffen – darin liegt die reinigende Kraft eines Streits.

Notieren Sie ruhig anschließend gemeinsam, wo es Redebedarf gibt – Konflikte müssen angeschaut werden, damit man sie auch irgendwann ausräumen kann. Auch, wenn Ihr Partner zum wiederholten Mal ein Thema als beredenswert nennt, mit dem Sie selbst vielleicht schon abgeschlossen haben: Ein Thema ist dann beendet, wenn es für beide befriedigend gelöst ist!

Wie können wir besser werden?

PRAKTISCHE TIPPS

Lieber Leser, bis hierher sind Sie mir gefolgt – vielen Dank dafür! Hoffentlich haben Sie beim Lesen den einen oder anderen Ansatzpunkt gefunden, wie Sie Ihrer Beziehung frischen Wind verpassen können. Lassen Sie mich dennoch mit einer kleinen Auflistung für Sie diesen Ratgeber abrunden.

SEIEN SIE SPONTAN!

Wir wirken immer dann am interessantesten, wenn das Gegenüber einen nicht völlig einschätzen kann. Was wird er, was wird sie wohl als Nächstes tun?

Damit kann man als Paar wunderbar spielen und glauben Sie mir – es lohnt sich!

• Notieren Sie einmal 2 Wochen lang jeden Tag in einem kleinen Buch, was Ihnen an Ihrem Partner positiv auffällt. Momentaufnahmen – damit schauen Sie selbst genauer hin und entdecken vielleicht Dinge, die Ihnen schon scheinbar verloren gegangen waren.

• Sagen Sie Ihrem Partner jeden Tag mindestens einmal etwas Positives! Aber seien Sie auch ehrlich und authentisch. Sagen Sie nichts, was Sie nicht auch meinen!

• Überraschen Sie Ihren Partner mit einem spontanen Ausflug, mit einer Einladung in das Café, in dem Sie sich zum ersten Mal getroffen haben, oder fahren Sie einfach an den nächsten Baggersee, mit Picknickdecke und Windlicht.

• Kleben Sie ihm/ihr mal wieder einen Zettel an den Spiegel, der nicht die Einkaufsliste ist!

• Übernehmen Sie ungefragt etwas, was Ihr Partner nicht gern tut.

• Machen Sie ein romantisches Date aus, ruhig auch zu Hause. Nicht die Routine des gemeinsamen Ins-Bett-

Gehens jeden Abend – sondern Sie gehen ins Bett, wenn Sie das möchten.

• Schenken Sie Ihrem Partner das Büchlein aus der ersten Übung!

• Bleiben Sie attraktiv! Sich jeden Abend in ausgeleierten Jogginghosen und strähnigen Haaren zu präsentieren, ist ein absoluter Liebeskiller.

PLANEN SIE IN DIE ZUKUNFT!

Gehen Sie ein gemeinsames Projekt an, über das Sie vielleicht schon öfter gesprochen haben. Das kann die Gartenschaukel sein oder der Aufbau einer Selbstständigkeit. Lassen Sie zu, dass Sie gemeinsam träumen – und schauen Sie, wo Sie den Traum verwirklichen können.

Gehen Sie gemeinsam Hobbys nach! Sie müssen nicht häkeln lernen, wenn Sie das nicht interessiert – und Ihr Partner muss nicht bowlen, wenn er lieber Fahrrad fährt. Wo gibt es Kompromisse und Überschneidungen? Dort setzen Sie an.

ÜBEN SIE VERTRAUEN!

Lernen Sie (wieder), Ihrem Partner zu vertrauen! Dabei helfen am Anfang Übungen, die voraussetzen, dass man sich ganz auf den anderen einlassen kann.

• Fahren Sie einmal gemeinsam im Auto und schließen Sie als Beifahrer bewusst die Augen!

• Lassen Sie sich von Ihrem Partner mit verbundenen Augen durch einen unbekannten Wald führen!

• Füttern Sie Ihren Partner mit verbundenen Augen mit verschiedenen Dingen!

• Gehen Sie gemeinsam an unbekannte Orte und erkunden Sie diese!

• Suchen Sie sich ein Thema, das Sie beide interessiert, und diskutieren Sie darüber!

SPRECHEN SIE AUS, WAS SIE WÜNSCHEN!

Das ist sicher die schwierigste Übung – wird aber immer leichter, wenn man einmal den Anfang gemacht hat. Üben Sie das zunächst an unverfänglichen Themen: Sie möchten nicht zu jedem Essen vorher einen

Salat essen? Dann sagen Sie das! Es stört Sie, dass Ihr Partner jeden Abend noch liest im Bett? Sprechen Sie drüber! Dafür lassen sich einfache und wirkungsvolle Lösungen finden, und keiner muss genervt oder persönlich angegriffen sein.

Bei empfindlicheren Themen nähern Sie sich langsam. Fragen Sie Ihren Partner, ob er bereit ist, mit Ihnen über einen persönlichen Wunsch zu sprechen. Gerade, wenn es um etwas geht, womit der andere vielleicht selbst Schwierigkeiten hat, braucht es Geduld und Zeit. Schenken Sie Ihrem Partner das Vertrauen, dass er mit der Information, die Sie ihm geben, sorgsam umgeht.

Gerade in sexueller Hinsicht ist es für überraschend viele Paare, die sich schon lange kennen, oft ein schier unüberwindliches Hindernis, über Wünsche und Vorlieben zu sprechen. Dabei wäre es eine vielleicht richtungsweisende Entwicklung, wenn man sich gegenseitig auch da in einem anderen Licht sieht.

VERTRAUEN SIE IN IHRE KRAFT ALS PAAR

Zum Abschluss noch ein Hinweis: Sie dürfen davon ausgehen, dass vieles von dem, was hier beschrieben wurde, sich auch von allein einstellt, wenn man einmal angefangen hat zu verändern. Ihr Partner wird sehr wohl registrieren, was sich bei Ihnen verändert, er wird auf die Signale, die Sie senden, in irgendeiner Weise reagieren. Denken Sie an das Beispiel eines kleinen Steinchens, das man in einen ruhigen, spiegelglatten Teich wirft – die Wellen breiten sich aus, bis sie wieder an ein Ufer treffen!

In diesem Sinn wünsche ich Ihnen einen respektvollen Umgang mit sich selbst, Freude am Entdecken von Neuland und vor allem: Vertrauen Sie sich selbst und Ihrem Partner. Sie schaffen das.

Herstellung und Verlag:

BoD – Books on Demand, Norderstedt

ISBN: 9783755797197

1. Auflage

Kontakt: Psiana eCom UG/ Berumer Str. 44/ 26844 Jemgum

Covergestaltung: Fenna Larsson

Coverfoto: depositphotos.com